Dieses Buch gehört

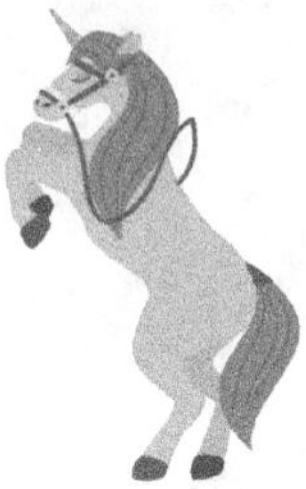

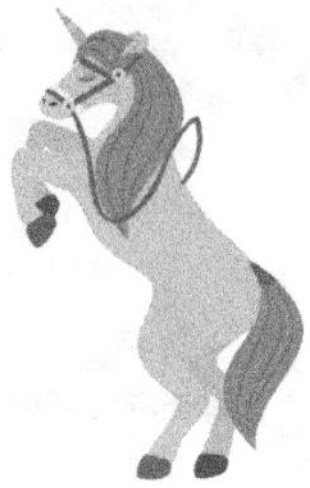

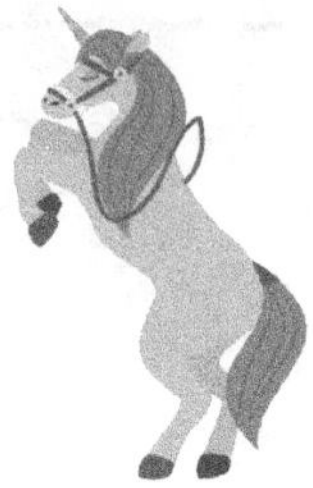

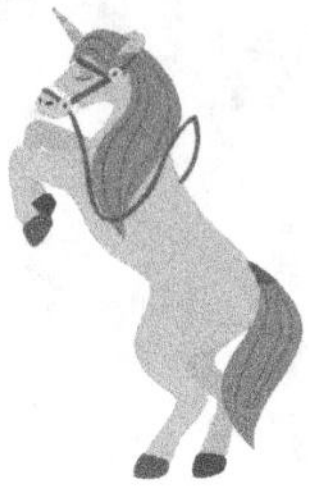

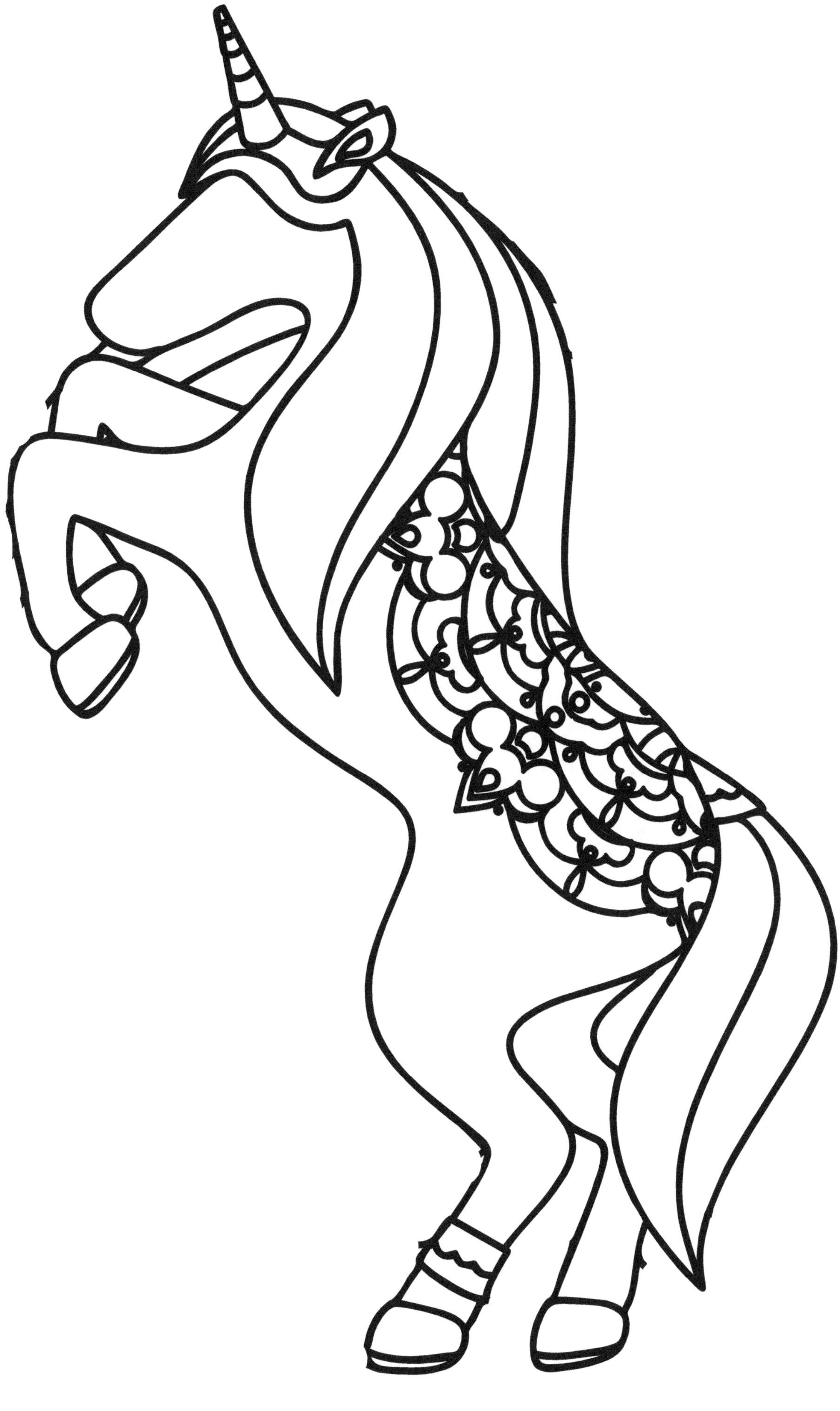

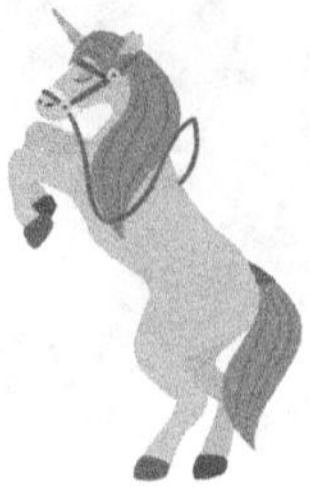

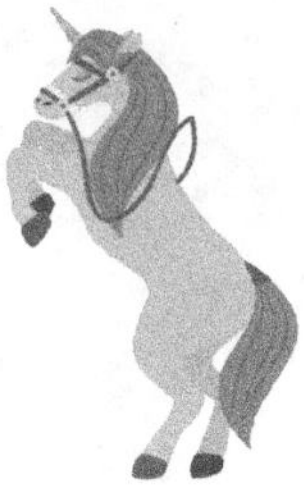

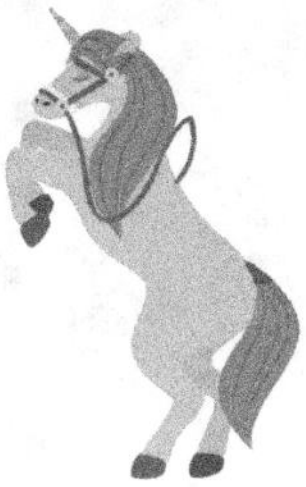

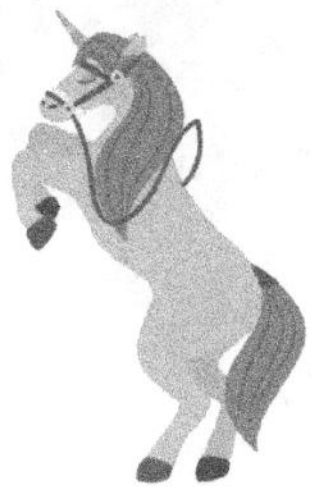